REMÈDE

MERVEILLEUX & SPÉCIFIQUE

dissolvant la Pierre

spécialement aux Reins

PRÉMÉDITÉ, PRÉPARÉ & EXPÉRIMENTÉ

PAR

François DE HEROGUELLE

MÉDECIN

résident en la très-célèbre Abbaye

de

SAINT-AMAND

Réimprimé par les soins du Dr **DENIS**
chez **CRÉPIN FRÈRES**, Imprimeurs
DOUAI
—
1908

REMÈDE

MERVEILLEUX & SPÉCIFIQUE

dissolvant la Pierre

spécialement aux Reins

PRÉMÉDITÉ, PRÉPARÉ & EXPÉRIMENTÉ

PAR

François DE HEROGUELLE

MÉDECIN

résident en la très-célèbre Abbaye

de

SAINT-AMAND

Réimprimé par les soins du Dr **DENIS**

chez CRÉPIN FRÈRES, Imprimeurs

DOUAI

—

1908

PRÉFACE

Jean François de HEROGUELLE na-
quit à Arras dans la première moitié du
XVIIe siècle, à une date que je n'ai pu dé-
terminer ; il appartenait sans doute à une
famille bourgeoise ; son oncle, Robertus de
Héroguelle, grand pénitencier du pape,
était directeur de la Magdeleine en la ville
d'Arras. (1)

Il choisit la carrière médicale et, ses étu-
des terminées, mena une vie quelque peu
errante. Il quitte Arras, fait un séjour à
Londres comme médecin attaché au légat
espagnol, comte de Molina, exerce son art
à Anvers, à Nivelle en Brabant et aux envi-
rons, fréquente pendant plusieurs années
Aix et Spa, s'occupe des Eaux de la fontaine du Saulsoir à Kain, près de Tournai et
de celles de Marimont dans le Hainaut ;
en 1685, on le trouve agrégé au Collège des

---

(1) Je ne sais s'il s'agit bien de lui dans ce docu-
ment (Etat-civil d'Arras) : « Le 13 Octobre 1700, a
été inhumé par M. le Grand Prieur de St-Waast,
maître Jean Héroguel, prêtre curé de la paroisse de
Ste Marie Magdeleine dans l'église de ladite paroisse
en présence des soussignés : Hourdequin, Barthéle-
my Vicogne — Caron. curé. »

médecins de Tournai ; (1) mais déjà, l'occasion s'est présentée à lui d'apprendre l'existence à une heure de St-Amand d'une merveilleuse fontaine chaude : Aussitôt, il entreprend l'étude non encore effleurée de ces Eaux précieuses, en fait l'analyse autant que l'état de la science à l'époque le lui permet ; enfin, les expérimente au point de vue clinique et, par leur emploi, obtient des succès des plus brillants. En 1688, il s'intitule : médecin pensionnaire de la ville et du très-célèbre monastère de St-Amand, inventeur et premier régisseur d'une admirable fontaine minérale. (2)

St-Amand fut sa dernière résidence ; après plusieurs années consacrées à étendre au loin la réputation des *EAUX*, à proclamer l'excellence de leurs vertus, il y mourut, fort regretté. (3)

Jean François de Héroguelle a publié un certain nombre d'ouvrages devenus rarissimes, dispersés, et dont plusieurs ont trait aux eaux de St-Amand:

(1) Son inscription serait du 25 octobre 1680 (Philippart) ; le registre original que j'ai consulté aux Archives de Tournai n'en fait pas mention à cette date.

(2) C'est donc à tort que Philippart indique l'année 1698 comme celle de son arrivée et de son etablissement à Saint-Amand.

(3) Manuscrits Waucquier, tome IX, page 111 (Archives de Tournai) d'après Eloy : Dictionnaire historique de médecine, tome II — page 511.

Je n'ai pas trouvé trace de son décès, les registres de l'état civil de St-Amand ne commençant qu'en 1737.

I. Etablissement des fontaines minérales de St-Amand par Mgr le Révérendissime Prélat de cette ville, nouvellement découvertes par le moyen des principes chimiques.

Douai. Balthazar Bellère. 1683. in-16 de 64 pages.

II. *La Vraie panacée* présentée à Louis le Grand, notre très auguste et très invincible monarque avec la *Vraie anatomie* (1) des Eaux minérales de St-Amand nouvellement découvertes par le moyen des principes chimiques et un *Discours apologétique* contre ceux qui les profanent, blâment et calomnient par envie et qui s'en servent mal à propos, sans direction d'un médecin expert et contre les préceptes de l'art et les règles de l'ancienne, vraie et légitime méthode qu'on observe inviolablement à Bourbon, à Aix et à Spa.

Tournai. Coulon. 1685 ; in-8.

III. La Fontaine triomphante lez St-Amand. — Tournai. 1690. (?)

IV. La Fontaine minérale lez St-Amand triomphante par les Arcanes ou plus rares secrets de la Médecine dont les vertus et pro-

(1) La vraie anatomie aurait été rééditée à Valenciennes en 1691, chez Henry, sous ce titre : La Fontaine de Saint-Amand triomphante par les Arcanes ou rares secrets de la médecine. (M. l'abbé Jules Desilve).

priétés sont surprenantes pour la prompte
et facile guérison des maladies qui ont pas-
sées jusqu'à présent pour incurables. —
A Valenciennes, chez Gabriel François
Henri... et libraire, sur le pont; in-12. 1691.

V. Dispensatorium galeno-chymicum,
compendio quodam, omnia dispensans, solerti indagine mentis, et statuens leges lance bilance novas.

En latin. Tournai. Inglebert. 1688 ; in-12
320 pages.

VI. Remède merveilleux et spécifique, dissolvant la pierre, spécialement aux reins;
opuscule non daté, suivi d'une correspon-
dance avec De Blegny.

VII. Apologie pour la Fontaine minérale
de Notre-Dame du Sart, dite du Saulchoy
lez Tournay, contre ceux qui blâment et calomnient ces eaux. Petit in-8.

Ce n'est pas une figure banale que celle
de Jean François de HEROGUELLE,
médecin, chimiste, pharmacologiste, poëte,
versé dans les anciens textes qu'il cite avec à
propos ; praticien forcément, il s'est dégagé
du terre-à-terre professionnel, s'est soustrait
à l'influence déprimante du milieu et a
écrit : en latin, correctement ; en français,
dans un style abondant, souvent négligé ou
prétentieux, mais en certains passages, d'u-
ne belle tenue.

Assurément, il est de son époque et n'a pu
briser entièrement avec l'autorité magistra-
le ; mais, les voyages, l'observation, la ré-
flexion ont éveillé et développé en lui l'esprit critique ; à maturité, il révèle une per-
sonnalité forte et bien marquée ; les progrès
réalisés depuis deux cents ans passés par
la Médecine et la Chimie n'ont pu retirer
tout intérêt à l'ensemble archaïque de ses
ouvrages.

Au surplus, cet esprit curieux et bien
doué, cet homme d'initiative a des titres
tout particuliers à notre reconnaissance :
il a été l'ouvrier de la première heure, l'a-
pôtre remuant et orgueilleux dont les efforts
répétés et inlassables pour imposer à l'at-
tention les Eaux minérales de St-Amand
et les mettre pour le moins en égalité d'estime avec celles d'Aix, de Spa, n'ont pas
peu contribué à la création ultérieure d'un
Etablissement Thermal modeste à l'origine,
actuellement important et fréquenté.

Je désire rendre à la mémoire de cet
Ancêtre un hommage déférent et contri-
buer à faire revivre ses Ecrits ; voici donc,
fidèlement reproduite, une des œuvres du
médecin amandinois JEAN FRANÇOIS DE
HEROGUELLE.

Douai, le 10 Avril 1908
Dr DENIS.

BIBLIOGRAPHIE

Abbé JULES DESILVE. — *Nicolas du Bois*, page 176.

Abbé ISIDORE DESILVE. — *Le médecin Héroguelle. in* Revue de la Société impériale d'agriculture, sciences et arts de Valenciennes. 1864.

ELOY. — *Dictionnaire historique de médecine*. Tome II. page 511 (Edition de 1778).

Etat-civil de la ville d'Arras.

Manuscrits Waucquier. Tome IX, page 111 (Archives de Tournai).

Dr AMÉ PHILIPPART. — *Notice sur les médecins qui ont exercé leur art à Tournai et qui se sont distingués par leurs écrits depuis l'an 1200 jusqu'à ce jour. in* Mémoires de la Société historique de Tournai. Tome XIX, page 355.

Registre des chirurgiens de Tournai. (Archives de Tournai).

INTER ECLIPSES EXORIOR

Remède merveilleux et spécifique, dissol-
vant la pierre, spécialement aux reins,
prémédité, préparé et expérimenté par
François de HEROGUELLE, médecin,
résident en la très-célèbre abbaye de Saint
Amand.

La pierre aux reins ne se peut ôter heu-
reusement de cette partie que par la dissolution ; car si l'on entreprend de la chasser
par un remède violent, et qu'elle soit un peu
trop grosse, elle s'engagera dans les uretères,
occupera le passage de l'urine et l'ayant
supprimée, causera indubitablement une
mort plus misérable que l'on ne saurait
croire.

Les remèdes qui la peuvent rompre ou
briser en pièces ne sont pas moins périlleux
d'autant que chaque éclat en passant par
les urétères les excorie et les excoriations

aux passages de l'urine se convertissent promptement en ulcères qui rendent l'homme beaucoup plus misérable que tous les susdits.

Donc il ne faut pas user de ces deux sortes de remèdes puisqu'ils sont si évidemment dangereux, mais il faut avoir recours au remède spécifique qui est la dissolution parce que cette voie est facile, innocente, assurée et sans risques d'autant que ce remède la dissout sans aucune violence et comme ferait l'eau chaude un peu de sel ou de sucre et ce remède se peut trouver comme j'ai fait par cette méthode.

Je sais par expérience que toutes pierres sont composées principalement de sel avec un peu de soufre et de mercure fixes qui empêchent par leur onctuosité que les eaux simples ne les puissent pénétrer pour les dissoudre: je suis aussi assuré qu'il n'y a rien qui les puisse pénétrer que l'esprit d'un autre sel qui approche plus de la nature de celui qui compose la pierre, car c'est une maxime assurée dans la chimie que les semblables sont dissous par les semblables; c'est pourquoi je prépare cet esprit qui tient le milieu entre l'acide et l'alcali, rectifié jusqu'à la vingtième fois pour le rendre très subtil afin de mieux pénétrer, qui a cela de propre qu'il ne s'attache et ne pénètre autre chose que les pierres, comme le nitre qui a cela de

propre qu'il agit particulièrement contre les
roches et pierres d'une façon douce, bénigne
et imperceptible et par manière de dire
spirituelle parce que l'esprit universel ayant
communiqué de puissantes vertus à ce sel,
ses actions ne peuvent être que surprenantes
et merveilleuses ; puis j'en fais prendre à
ceux qui en ont besoin depuis dix jusqu'à
vingt et même jusqu'à 30 ou 40 gouttes
par gradation dans un verre de vin de
cerises d'*Alkekenge* avec une drachme
d'un certain sel nitreux presqu'insipide,
préparé par une voie philosophique et aussitôt que le patient l'a pris, il est porté avec
les liqueurs par les voies susdites jusqu'à ce
qu'il rencontre quelque pierre dans laquelle
il veut rentrer comme étant un corps appro-
chant de celui dont il a été tiré ; tellement
qu'il pénètre la superficie et par ce moyen
la mollifie d'autant que ce corps qui était
pierre ayant reçu plus de liqueur qu'il ne
lui en faut pour être solide, il faut nécessairement qu'il soit plus mou et par conséquent
plus pénétrable qu'il n'était auparavant ; or,
étant ainsi mollifié, l'urine qui passe conti-
nuellement par cet endroit emporte ce qu'elle
trouve de plus disposé à la dissolution et
voilà ce corps pierreux diminué d'autant
puis en continuant de reprendre du même
remède et les opérations toujours réitérées,
l'on achève la guérison entièrement.

Or, pour prouver invinciblement que cet esprit ne s'attache et ne pénètre autre chose que les pierres, l'on peut en mettre dans un verre où il y ait de petits pigeonneaux ou autre chose fort délicate et quelque pierre ; je puis assurer qu'elle n'agira que sur elle.

Or, mettez une pierre tirée du corps d'un homme dans une vessie de porc et y versez dessus de cet esprit, la pierre se dissoudra si parfaitement que le tout passera par le filtre sans qu'il reste aucun sédiment et la vessie n'en sera aucunement corrodée quoique la dite liqueur y ait séjourné plusieurs jours ce qui est plus considérable.

Autre preuve : mettez un œuf dedans cette liqueur et aussitôt elle dissoudra la coque parce qu'elle abonde en sel comme la pierre, mais une très petite, très mince et délicate pellicule qui est entre la coque et le blanc de l'œuf ne sera pas offensée, non pas même ridée d'autant qu'elle est comme toutes les membranes des animaux composée de soufre, lequel par son onctuosité empêche la pénétration de cet esprit qui n'agit que contre les pierres et contre les choses qui contiennent beaucoup plus de sel que des autres principes.

Si je voulais rapporter ici l'histoire de tous ceux que j'ai guéris parfaitement et

radicalement de la pierre et gravelle par le
bénéfice de ce remède spécifique, je ferais
un juste volume et me rendrais importun
et presqu'incroyable, c'est pourquoi je me
contenterai d'en alléguer quelques-unes que
j'ai choisies parmi un plus grand nombre
très-véritables, et fort connues dans la ville
d'Arras, d'Anvers et de Nivelle en Brabant
dont voici la première.

Feu mon oncle, Robertus de Héroguelle,
ce très-révérend grand pénitentier du pape
et directeur de la Magdeleine en la ville
d'Arras, grièvement affligé de la pierre et
gravelle, ayant usé de mon remède spécifique durant six semaines, rendit une
prodigieuse quantité de matières tartareuses
et de flegme visqueux, sans peine et sans
douleur sensible et par un continuel ou
fréquent usage de ce remède, il fut, par la
grâce de Dieu entièrement délivré de la
pierre et gravelle dont il avait été cruellement travaillé et tourmenté plusieurs années.

Cette cure fit un tel éclat et donna une si
grande réputation à ce remède que plusieurs
en ayant usé ont été parfaitement bien guéris et en ont vu tous les jours de nouvelles
expériences.
Entr'autres le cadet de Mlle la veuve de
la Rüe, en la même ville, cruellement

tourmenté de la pierre aux reins et en la
vessie très bien reconnue par tous les signes
et indices univoques, après avoir fait tout
son possible et dépensé inutilement beaucoup de biens en médecins, remèdes,
voyages ou autrement eut recours à moi
qui le guéris entièrement en l'espace de
trois mois avec mon remède spécifique et
s'est toujours bien porté depuis et Mlle sa
mère, magnifique et libérale femme ou
plutôt Amazone m'en récompensa avec de
très beaux souverains d'or.

Le révérend pasteur de Meurflez, grand
village distant d'une heure et demie de la
ville d'Anvers, extraordinairement affligé
de la néphrétique ou colique graveleuse
depuis plus de vingt ans, pour la guérison
duquel mal il avait consulté les plus anciens
et les plus savants médecins d'Anvers et
essayé la diversité de tous les remèdes qu'on
lui avait ordonnés, sans toutefois qu'il eut
pu recevoir aucun soulagement considérable
m'ayant fait prier de le vouloir visiter, ce
que je fis, et lui ayant fait prendre mon
remède spécifique deux fois par semaine,
soir et matin, durant l'espace d'un an, il
fut parfaitement et entièrement délivré :
mais ce qui se trouve de notable et de merveilleux en cette cure, c'est qu'ayant fait
conserver toutes ses urines, je fis voir par

démonstrations qu'elles avaient entraîné en trois mois de temps plus de deux livres de gravier et de matières tartareuses, lesquelles sont gardées dans son cabinet afin de les montrer comme chose merveilleuse et extraordinaire ; depuis lequel temps, il n'a jamais eu aucune incommodité, ni en effet, ni en apparence, s'est toujours bien porté m'a régalé en prince et m'a récompensé royalement : ce qui depuis a obligé plusieurs personnes de considération qui se trouvaient affligées de semblables indispositions de se servir de moi, auxquelles j'ai fait ressentir les mêmes effets merveilleux de mon remède spécifique.

Le sieur Nicolas Cowets, natif d'Anvers, contrôleur du Mont de piété en ladite ville d'Anvers, résident au marché aux œufs avait un enfant si cruellement tourmenté de la pierre que l'on se peut imaginer, n'ayant pu trouver aucun remède à son mal était résolu de le faire tailler : il avait même convenu du prix avec l'opérateur, mais ayant appris que j'avais l'unique et souverain remède spécifique pour dissoudre la pierre sans aucune douleur et sans aucun risque, il eut recours à moi et son enfant fut entièrement guéri en peu de temps par mon remède que je lui donnai soir et matin, dans la décoction d'Arrête-bœuf : C'était en

1662 ou 1663, depuis lequel temps il n'en a été incommodé en aucune manière. Il est à présent beau jeune homme à marier et se porte encore fort bien, Dieu merci, comme il appert par la dernière lettre que son père m'a écrite.

Le Sr Jean Delfontaine, mayeur d'Arquennes, village d'une petite heure de la ville de Nivelle, tout à coup saisi de la néphrétique qui lui causait des douleurs cruelles et si sensibles qu'il ne pouvait s'empêcher d'éclancer des cris horribles par intervalle et cela durant 40 jours et d'une strangurie ou ardeur d'urine avec des vomissements presque continuels qui lui avaient tellement épuisé toutes les forces du corps qu'il semblait être réduit à l'extrémité, jusque là même que le curé dudit lieu voulait lui donner l'extrême-onction. Et combien qu'il se fut servi de 50 ou 60 lavements, des bains, fermentations, poudres, apozèmes, ou décoctions et infinis remèdes que lui avait ordonné mon antagoniste le Sr Docteur Mol (nomen commémoro œterno silentio involvendum) durant ce temps-là, il n'en avait toutefois reçu aucun secours ni soulagement sensibles. Iceluy l'ayant donc abandonné comme incurable, on m'envoya un exprès avec le cheval dudit malade pour me prier de vouloir me transporter en ce lieu,

à quelque prix que ce fut, ce que je fis en
toute diligence pour secourir un homme qui
avait bonne odeur parmi les honnêtes gens
et même vers Monseigneur l'Archevêque de
Malines. Etant arrivé, je l'exhortai à prendre
bon courage, à implorer le secours du ciel
et à user de mon remède si singulier pour
faire uriner et pour dissoudre la pierre et
gravelle et de mon opiatum laudanum si
merveilleux pour calmer en un instant les
plus extrêmes douleurs, lui disant que je ne
trouve point la médecine plus officieuse
envers les malades que lorsque par le bénéfice de ses remèdes elle apaise leurs douleurs
dans leur violence. C'est pourquoi Hippo-
crate appelait avec raison les remèdes qui
apaisent les douleurs, divim, puisque c'est
une chose divine, d'abattre ce cruel et impi-
toyable tyran de la vie, qui consumant
l'humide radical, et la chaleur naturelle, en
détruit le principe et le fondement. Et
exposant à ses yeux une très petite pilule de
mon « *Opiatum Laudanum* » en présence
des assistants, entre lesquels étaient deux
pères Récollets et un échevin de Nivelle, je
lui dis ces paroles: Voilà, Monsieur, ce divin
remède, lequel bien que très petit en son
volume, ne laisse pas de produire des effets
presque incroyables. Et il est si puissant,
qu'il semble enchanter la plus véhémente
douleur qui n'a pas accoutumé de céder à

d'autres remèdes : car après avoir douce-
ment apaisé (les (douleurs, il concilie un
doux et agréable sommeil qui remet la
nature en son entière, et qui rétablit les
forces des pauvres malades qui sont faibles
et langoureux, à cause de la douleur, des
vomissements, des inquiétudes et des
veilles ; ce qui est assurément pour le
moins la moitié de la cure de la maladie, de
quelque qualité qu'elle puisse être. Car
« somnus reparat vires, fœssaque membra
levat », ce qui fait conclure que « natura
corroborata est omnium morborum Medi-
catrix ». Voilà pourquoi j'ai recours à ce
divin remède, comme au dernier asile, dans
les plus urgentes et les plus difficiles
maladies douloureuses, dont ledit Mayeur,
infiniment consolé, lui en ayant prédit les
effets, sans difficulté avala ladite petite
pilule, et immédiatement après trente gouttes
de notre esprit dissolvant, dans un verre de
vin de cerises d'Alkekenge, avec une
dragme de nôtre sel nitreux, l'ayant pris
commença à s'assoupir, et à dormir avec
tranquillité jusqu'à onze heures de nuit,
étant réveillé d'un si doux et si agréable
sommeil, il s'écria qu'il était guéri, comme
aussi l'était-il, car en même temps, il rendit
l'urine copieusement chargée de deux onces
de matières tartareuses, et pierreuses, comme
un chirurgien de la ville de Nivelles, nommé

le Coq, qui était là pour lors, pour exécuter mes ordres, nous fit voir le jour suivant, et ainsi peu de temps après guéri parfaitement, et se portant bien, il vint m'en remercier très humblement, et m'en récompenser honorablement.

Cette cure est d'autant plus considérable, et doit être plus estimée, en ce que le péril de la mort avait été imminent.

Cette cure éclata, et fit bruit dans la ville de Nivelles, et ès-environs d'Icelle, et obligea Monsieur le révérend doyen d'Oixquerre, village éloigné de deux heures de ladite ville, qui se trouvait extrêmement affligé d'une colique néphrétique compliquée d'une fièvre continue et d'une extrême difficulté d'uriner, ayant été quelque temps traité et enfin abandonné par le docteur de Fleuru, nommé du Paix, de m'envoyer son cheval pour l'aller voir, et m'étant rendu dans sa chambre, je fis rencontre du docteur de Brenne-le-Comte, petite ville distante de deux ou trois heures dudit village, entre les mains duquel depuis sept ou huit jours, ledit doyen s'était abandonné en cette dernière extrémité, à cause qu'il lui avait promis de le guérir dans deux ou trois jours par la vertu d'un remède qu'il portait dans une fiole de verre: mais parce que le temps et le terme qu'il avait pris était passé, et que le

malade avait pris de son remède par cinq ou
six diverses fois, sans trouver pourtant
aucun soulagement à son mal, je fus curieux
de voir et examiner cette poudre, et après
en avoir mis un peu sur le bout de la langue,
et trouvant qu'elle était salée, celà m'obligea
de la mettre dans l'eau commune assez
chaude, où le tout s'étant entièrement fondu,
je fis avouer à ce bon docteur que c'était un
sel ; mais d'autant que par ce moyen seulement je n'avais pas pu discerner si c'était
du sel fixe de l'armoniac, ou du nitreux,
je fis consumer l'eau dans laquelle j'avais
fait dissoudre cette petite quantité de poudre,
et en ayant retiré le sel, je le mis sur les
charbons ardents : et voyant qu'il ne s'en-
fuyait point par la force du feu, et qu'il
demeurait toujours fixe, je conclus qu'en
cette qualité, il ne pouvait jamais opérer la
guérison du mal dont Monsieur le Doyen
était affligé, parce qu'il fallait dissoudre le
sable ou le gravier qui l'empêchait d'uriner,
ce qu'une poudre assez grossière comme
celle là ne pouvait jamais faire. De plus il
fallait encore rafraichir le corps pour modé-
rer la fièvre ; et en l'état que ce corps se
trouvait, il ne pouvait être rafraichi qu'en
débouchant le conduit des urines, ce qui ne
pouvant être fait par la vertu de ce sel chaud
et sec, il fallait nécessairement que dans
l'usage et les prises de ce remède le mal

continuât et s'augmentât de plus en plus ;
et la raison en était fort simple, parce que
ce sel ne peut jamais être extrait des matières
qui le contiennent, que par le moyen de la
calcination, c'est-à-dire par une grande
violence de feu, dans lequel par nécessité
il faut qu'il demeure fort altéré ; parce que
cette forte chaleur lui consume toute son
humidité, et c'est la cause pourquoi il ne
cesse de corroder partout où il se trouve,
s'il n'y a de l'humeur pour le nourrir, que
s'il en trouve, il le consomme continuelle-
ment, comme on remarque tous les jours
tant aux chairs qu'aux autres choses salées.
Voilà pourquoi jamais aucun sel fixe tiré et
extrait par calcination, n'a pu rafraîchir,
mais bien son esprit acide qu'on tire par
distillation : que s'il était nécessaire de
donner quelque sel à un corps qui lui servit
de rafraichissement, il se faudrait servir du
nitreux bien purifié, qui a la faculté et la
qualité aussi rafraichissant que l'autre a de
coutume d'échauffer ; et ce fut le sujet pour
le lequel je voulus anathomiser et bien
examiner cette poudre, afin d'en parler avec
toute assurance ; de quoi tous les assistants,
entre lesquels étaient quatre ou cinq curés
du voisinage, et le patient demeurèrent extrêmement satisfaits. Ce bon docteur même,
agréa mon raisonnement, se déclara à moi,
et me pria de traiter son malade ; pour

répondre à la courtoisie dont il usa avec moi, je voulus qu'il fut toujours présent à ce qui se passerait pour voir les opérations de mes remèdes ; et pour cet effet (prœmissis prœmittendis) je mis dans une pinte de lait clair trente ou quarante gouttes de mon Esprit dissolvant, avec une dragme de mon sel nitreux, ce qui se trouvait fort agréable au goût, et l'ayant fait prendre audit Doyen, il rendit deux heures après plus de deux pintes d'urine fort épaisse, lequel remède nous réitérâmes à midi, qui fit la même opération ; et à six heures du soir tout de même, ainsi nous continuâmes jusqu'à sa parfaite guérison, qui fut le troisième jour. J'ai encore toutes les matières pierreuses que mon remède avait dissous dans ses reins, lesquelles pèsent deux onces trois gros et demi. Cette cure obligea plus de vingt de ses paroissiens et voisins, affligés de semblables maladies de recourir à moi, qui en reçurent la même satisfaction : entre autres la cuisinière d'un gentilhomme (la Seigneurie duquel m'est échappée de la mémoire) âgée de vingt-trois ou vingt-quatre ans, extrêmement affligée de la gravelle, jaunisse, rétention de ses purgations lunaires, tumeur au bas du foye, et de cette espèce d'hydropisie, que l'on appelle ascite, avec une fièvre lente qui redoublait souvent, et par intervalles se voyant réduite dans cet

état si misérable, détestait son mal, son
docteur et les remèdes qui ne lui donnaient
aucun soulagement. Enfin ledit docteur de
Brenne-le-Comte, touché de compassion, et
convaincu des merveilles de mes remèdes,
me pria de la voir avec lui, comme je fis
avec un peu de cérémonie, et parce que
cette brave fille était fort estimée de M. le
doyen, et aimée de tous les principaux du
village et du voisinage ; je me fis un plaisir
à lui rendre promptement le service de la
vraie et entière guérison qu'elle reçut en
trois semaines par mon remède spécifique.

M. Godar, flamand natif de Bruxelles,
receveur du très-illustre et vénérable Cha-
pitre ou collège des Dames et Chanoines
de Nivelle, qui était en grande estime parmi
toute cette noblesse, étant extraordinairement tourmenté de la pierre et gravelle aux
reins, fut guéri par mon remède spécifique
au même temps. Voici la consultation que
j'ai préméditée en faveur du dit receveur,
qui pourra servir d'instruction à tous ceux
qui sont affligés de semblables indispositions.

CONSULTATION.

Après la relation fort ample et fort exacte,
qui m'a été faite par Monsieur Godard, il

n'est pas difficile de juger que l'indisposition
dont il se plaint de temps en temps, est
simplement une colique néphrétique causée
par un gravier rude et raboteux, tel qu'il a
paru dans ses urines, produit par l'union de
l'acide et de l'alcali qui s'épaississent avec
un excrèment terrestre par l'intempérie
chaude de ses reins, qui a été augmentée
par son tempérament bilieux, à quoi son
régime de vivre ordinaire a beaucoup contribué ; Et partant, pour lui donner des remèdes
convenables, il faut le considérer en deux
temps différents, ou lors qui est actuellement
dans le paroxisme, c'est-à-dire dans la douleur, ou lorsqu'il en est exempt.

Pour le soulager dans le premier état, il
faut d'abord lui donner de fréquents lavements, faits avec la décoction de Mauves,
Guimauves, Violiers, Pariétaire, Alkekenge,
Pavot blanc, avec les semences de lin, et
des quatre semences froides, dans une livre
de laquelle on dissoudra une once de *Dia-
Cassia*, deux onces de miel violat, et deux
dragmes de cristal-minéral.

Après un ou deux lavements, il faut avoir
recours à la saignée du bras, principalement
du côté de la douleur, qu'on pourra réitérer
si les forces du patient le permettent ; si un
ou deux lavements devant et après la saignée
ne soulagent point, on pourra une fois
seulement dans la même décoction dissoudre

six grains d'*Opiatum laudanum* avec une
once de *Benedicta laxativa* et deux onces de
miel violat, avec deux dragmes de Cristal-
minéral. Après cela si la douleur subsiste,
sans beaucoup de relâche, il faut sans perdre
de temps faire entrer le malade dans un
demi-bain d'eau tiède, une demi-heure après
on lui donnera une potion anodine, des
merveilles de laquelle je suis convaincu par
plusieurs expériences univoques, faite avec
deux onces d'huile d'amandes douces, fraî-
chement tirée sans feu, une once de sirop de
pavot blanc, autant de sirop de *Altheâ
Fernelii*, le jus d'un citron, dix gouttes
d'esprit de sel dulcifié, et quatre onces de
vin de cerises d'Alkekenge.

Cependant, il demeurera dans le bain
autant qu'il s'y trouvera bien, à la sortie
duquel on lui donnera un lavement, comme
le premier. Il y entrera deux fois le jour,
prenant une fois par jour une semblable
potion, ou deux onces de sirop de *Altheâ*
et une once, de sirop de pavot blanc, avec
un verre de vin de cerises d'Alkekenge, si
la cruauté de la douleur vous y oblige: il
continuera, ledit demi-bain tant que la
douleur continuera, et qu'il n'aura pas une
facile liberté d'uriner ; que si il avait pendant
ce temps-là quelque quantité de gravier, ou
petite pierre dans le progrès de l'urétre, on
pourrait avec sûreté faire la saignée du

pied, et au partir de là, boire de trois heures
en trois heures un bon verre de la décoction
antinéphrétique de ma composition marquée A, afin de précipiter ledit gravier ou
ladite pierre dans la vessie. Mais si la pierre
n'est pas proportionnée aux Urétres, il faut
absolument avoir recours à mon remède
spécifique, qui la dissoudra infailliblement
en peu de temps, en le prenant trois fois
par jour.

Pendant tout ce temps-là, on n'ordon-
nera pour nourriture que des bouillons faits
de veau et un poulet assaisonné avec jus de
citron ou crême de tartre. Sa boisson sera
d'une tisane avec racines de guimauve,
d'arrête-bœuf, chiendent, figues, cerises
rouges d'Alkekenge et réglisse, quelquefois
de la limonade faite avec égale partie d'eau
et vin blanc, avec le jus d'un citron, et sucre
à discrétion, ou de lait clair avec sirop de
limons et de violettes. On pourra de temps
en temps y dissoudre vingt ou trente grains
de tartre vitriolé, pour une prise.

Si à la faveur de ces remèdes la douleur
cesse, ou diminue notablement, aussi bien
que la fièvre qui accompagne ordinairement
ces sortes d'incommodités, on purgera le
malade avec une once de Casse-mondée,
deux onces de sirop de fleurs de pêcher, et
une dragme de cristal-minéral, dissous dans
un verre de lait clair, pour une prise, qu'on

pourra réitérer par intervalles, après un lavement ordinaire.

Considérons maintenant le malade exempt de douleur ; pour en éviter ou prévenir le retour, il faut premièrement qu'il observe un régime de vivre fort régulier, et qu'il quitte toutes sortes de mouvements violents, tant d'esprit que de corps, qu'il n'use que de bons aliments, qu'il s'abstienne de tous ceux qui seront salés, épicés et de toutes sortes de ragoûts, de légumes, etc.

Sa boisson ordinaire sera de l'eau de fontaine, assaisonnée avec l'esprit de sel dulcifié, jusqu'à une très agréable acidité vineuse, pour en user avec son vin délicat et palliet, plutôt que grossier. Il aura soin de tenir son ventre libre par l'usage des lavements, s'il ne l'est naturellement, et n'oubliera pas pendant les trois derniers jours de la lune, de prendre le matin une once de Casse-mondée, avec une dragme de cristal minéral en bol, ou deux onces de manne de Calabre dissoute dans un bouillon de poulet, avec une dragme de crême de tartre, et pardessus un verre de vin de cerises d'Alkekenge.

S'il veut quelquefois pendant le mois prendre une demi dragme de rhubarbe en poudre, et autant de tartre vitriolé, mêlé avec une demi-once de casse mondée, et boire immédiatement après un verre de vin d'Alkekenge, ne lui sera pas désavantageux et afin de corriger l'intempérie de ses reins, et de ses entrailles, et ôter les obstructions qui s'y rencontrent, qui donnent lieu à ces fâcheux et importuns retours de colique néphrétique, ou graveleuse, il est indispensablement nécessaire qu'il use de quatre jours en quatre jours, soir et matin, deux ou trois heures avant le repas, durant un an tout entier, de notre esprit dissolvant, et de notre sel nitreux dissouts dans un verre de vin de cerises d'Alkekenge, comme d'un remède unique et spécifique à la pierre, et gravelle aux reins, et même à la vessie, non seulement pour en faire avorter ce qu'il y aurait de visqueux et de graveleux : mais aussi encore pour en ôter radicalement le Séminaire, et pour empêcher par un usage continuel, ou fréquent de ce bon remède, qu'il ne s'en fît plus jamais aucune génération : car je puis jurer que ce remède est si merveilleux et si spécifique à la pierre et à la gravelle aux reins, que s'il me fallait citer tous ceux qu'il a guéry et préservé, il faudrait faire un volume exprès. Suffit que la chose est connue et qu'on n'en doute plus.

Præscriptio
decocti antinéphrétici nostri
tantopere decantati.

'R. Radic - Alth. petroselin - ononid -
 ering - marin - cortic - radic - raphan -
nigr - hyémal - hortens - deras - ana - Vnc.
ij. cœpar - albar - limon. in orbiculos incis -
ana - no. ij. baccar juniper - matur - unc -
iij - fruct - alkekeng matur unc. ij. semin -
bardan - maj. lithosperm. i. E - milij
solis, oculor - cancr - nucleor - persicor -
semin. Alth. malv. cum floribus, si
sint prœ manibus, asellor - vivor - lotor.
Et in petiâ - ligator - tartar. vitriolat. (quod
maximarum expertus sum esse virium) Ana
dragm. vj.

 Incisa et contusa, quœ non nihil incidenda
et cuntundenda sunt, coquantur terreo in
vase, ordine debito, L. A. cum aq. font -
qs ad libras sex, sub finem decoctionis
injiciendo liquirit - elect. ras et contus
dragm. vj.

 Ab igne protinus remoto cum refrixerit
coletus sœpius per M H fiatque potus in
dissolvendo expellendoque sabulo et calculo
mirificus.Quo haud scio an prœstantior re-
periri, vel efficacior excogitari possit, judicet
judicio pollens médicus excellenter in arte
professus et fides sit penes expérientiam.

 Dosis ordinaria unc. sex, mane et sero,
tribus quatuorve ante pastum, horis.

Préparation du Vin de cerises d'Alkekenge

*Prenez 24 pintes de vin blanc nouvelle-
ment fait, mettez-les dans un petit baril fait
exprès, mais qui ait longtemps servi au vin
et jetez dedans 4 livres de cerises et 2 livres
de fruits ou cerises rouges et meures d'Alkekenge ; laissez le tout en fermentation
pendant qu'elle durera, ensuite usez-en
comme il a été dit ci-devant.*

*L'on en peut préparer un verre ainsi sur
le champ :*

*Prenez 6 ou 7 cerises rouges et meures
d'Alkekenge ; pilez-les dans un petit mortier
de verre ou de marbre blanc, y versez petit
à petit un verre de vin blanc odoriférant,
puis coulez-les par un linge bien net pour
en user comme il a été dit ci-devant.*

*Non nobis, domine, non bobis, sed nomini
tuo da gloriam.*

Lettre de Monsieur de Blegny, écrite à
Monsieur de Héroguelle sur son livre, qui
porte pour titre : Dispensatorium Galeno-
Chimicum, compendio quodam, omnia dispensans, solerti indagine mentis, et statuens
leges lance bilance novas.

A Monsieur de Héroguelle, médecin, résident en l'Abbaye de S. Amand en Flandres.

Monsieur,

Ce que j'ai connu de votre mérite par la lecture d'un livre de votre composition, qui porte pour titre (Dispensatorium galeno-chimicum) que vous m'avez fait la grâce de m'envoyer par l'aumônier de Monsieur le Duc du Maine, m'oblige à vous rendre les hommages qui sont dûs aux hommes extraordinaires ; car j'estime que vous devez tenir un des premiers rangs parmi ceux qui se sont faits distinguer dans ce siècle. Vous avez recherché la vérité avec beaucoup d'application ; vous avez levé le voile mystérieux qui la cache aux autres hommes, et sans avoir pour les scélérats, pour les ignorants et pour les fourbes, la complaisance qui est aujourd'hui si commune parmi les ambitieux et les lâches : vous l'avez généreusement publiée, pour donner lieu à toutes les personnes de bon sens d'en profiter. L'avantage que vous leur procurez par là, mérite sans doute une singulière reconnaissance de leur part, et vous ne sauriez croire combien j'y suis sensible en mon particulier. J'ai déjà marqué en diverses occasions

publiques quelles sont mes intentions à cet
égard, et je n'oublierai rien de tout ce qui
pourra vous en donner des preuves plus
précises, pour vous persuader que je suis
avec autant d'inclination que d'estime,

Monsieur,

Votre très humble et très obéissant serviteur

De Blegny.

*Médecin ordinaire de Monsieur, et Direc-
teur des nouvelles découvertes de Médecine
à Paris devant le Palais-Royal.*

*Réponse de Monsieur de Héroguelle, à
la lettre de Monsieur de Blegny.*

Monsieur,

Les obligations que je vous ai sont si
grandes et si considérables que je ne saurais
vous en témoigner une assez juste reconnaissance. En effet, Monsieur, puisque vos
sentiments sont des décisions et des arrêts
parmi les gens habiles, les glorieux éloges
que vous avez la bonté de me donner dans
votre journal et dans la lettre dont il vous
a plû de m'honorer, m'ont donné une joie
extraordinaire. L'amour que vous avez pour

la vérité, et pour ceux qui la recherchent, ont été les motifs qui vous ont obligé à me combler de louanges. Néanmoins, je puis vous assurer que la pratique que j'expose dans mon livre est extrêmement heureuse, en observant ces maximes. J'aurai l'honneur de vous en entretenir plus particulièrement une autre fois, si vous l'agréez ainsi. Je profiterai dans peu de jours, d'une commodité pour vous faire tenir quelques exemplaires d'un nouveau livre de ma composition, intitulé la Fontaine minérale lez S. Amand, triomphante par les Arcanes, ou plus rares secrets de la médecine, dont les vertus et propriétés sont surprenantes pour la prompte et facile guérison des maladies qui ont passé jusques à présent pour incurables. Cependant continuez-moi je vous supplie, votre protection, et celle de votre illustre académie, et me faites la grâce de croire que je suis avec toute sorte de respect,

Monsieur,
Votre très humble et très obéissant serviteur,
DE HÉROGUELLE.

Réponse de Monsieur de Blegny, à la lettre de Monsieur de Héroguelle.

Monsieur,
Je vous envoie le journal de septembre

pour vous faire voir par là, ce que les
médecins ou autres naturalistes des villes
conquises peuvent être reçus dans notre
Académie, et je prends cette occasion pour
vous dire que je voudrais bien que vous
en fussiez un des membres ; je m'en tiendrais
très honoré en mon particulier, et tous nos
académiciens ne manqueraient pas de s'en
applaudir. Si le cœur vous en dit, je ferai
toutes les démarches nécessaires pour en
obtenir l'agrément de Monsieur le premier
médecin du Roi qui en est le chef. Dans
peu de jours je vous ferai tenir un exem-
plaire d'un livre nouveau de ma composition
dans lequel je parle du vôtre dans les termes
que je dois. On m'a déjà demandé des
vôtres ; quand vous en aurez envoyé, je ne
manquerai pas de les faire valoir autant
qu'il me sera possible. Au reste il n'y a
rien de mieux que la lettre que vous m'avez
fait l'honneur de m'écrire, mais j'y ai surtout
remarqué des sentiments pour moi dont je
vous tiendrai bon compte. Si je puis
mériter la grâce d'être au nombre de
vos amis, je saurai bien m'en prévaloir aux
occasions, et je ménagerai toutes celles qui
pourront vous faire connaître combien je
suis, etc...

*Réponse de Monsieur de Héroguelle, à
la lettre de Monsieur de Blegny.*

Monsieur,

Les avantages que vous avez la bonté de
me procurer sont si grands et si glorieux,
que je n'eusse jamais osé les attendre :
c'est pourquoi je serais sans doute ennemi
de mon honneur et de mon propre intérêt,
si j'étais capable de refuser la grâce que
vous me faites espérer de me vouloir agréger
dans une Compagnie aussi célèbre qu'est
la vôtre, par le mérite, par le nombre et par
la qualité des personnes qui la composent;
ayant déjà obtenu le consentement des
Messieurs de votre Académie, vous me faites
la faveur de vouloir vous-même demander
à Monsieur le premier médecin du roi, son
agrément pour y être installé. En vérité,
Monsieur, les bienfaits que je reçois de votre
générosité sont si considérables, que je vous
dois regarder toute ma vie comme mon
patron et mon protecteur. Je ne sais pas
encore quelles sont les formalités que vous
observez dans la réception de Messieurs vos
Académiciens; mais puisque votre illustre
corps porte le titre glorieux de Nouvelles
Découvertes de la Médecine, soit pour en

réformer les erreurs, soit pour en découvrir
les secrets, il me semble qu'en entrant dans
cette illustre compagnie, il ne serait pas
mal à propos de faire voir par démonstration
et par expérience ce que j'ai trouvé de
nouveau et de singulier dans la pratique
que j'ai faite de la Médecine, afin de
montrer par là, qu'on est capable, étant
assisté de vos lumières, de faire encore
quelques Nouvelles Découvertes pour le
bien public et pour l'honneur de la
profession. J'ai déjà prouvé, ce me semble
dans mon livre la possibilité des panacées.
J'ai aussi prouvé que les panacées sont les
grands remèdes de la médecine et non pas
la Saignée ni la Purgation, comme on
l'enseigne mal à propos dans les écoles de
la médecine. Je souhaiterais à présent, si
vous l'agréez ainsi, de prouver, en présence
de Messieurs les Académiciens, sur tel
nombre de maladies qu'on voudrait choisir,
qu'il y a de remèdes universels qui sont
propres pour la guérison de toutes les maladies qui ne sont pas absolument incurables,
sans se servir de la Saignée, de la Purgation,
de l'Emétique, sans aucune sorte de précau-
tion, et sans aucune distinction d'âge ni de
sexe, ni de tempérament. Je ferais voir aussi
par expérience, que ces mêmes remèdes
délivrent absolument les malades de la
nécessité de la Saignée, même dans les

pleurésies, dans les squinances, et dans les
autres inflammations, quelques violentes
qu'elles puissent être. Je ferais encore voir
par expérience, que ce grand nombre de
maladies qu'on met dans le rang des incurables, ne le sont pas en effet, mais seulement par défaut de connaissance : pour cet
effet, j'entreprendrais la guérison de tel
nombre d'hydropiques qu'on voudrait me
donner, et je ferais voir que cette maladie
déplorable se peut guérir, le plus souvent
dans trois ou quatre semaines pour le plus
tard, sans aucune évacuation sensible, et par
des remèdes faciles à prendre, pourvu que
la mort ne soit pas extrèmement prochaine,
j'entreprendrais aussi tel nombre de personnes affligées de la Pierre aux reins qu'on
voudrait me confier, et je ferais avouer à
toute votre compagnie que cette cruelle
maladie se peut guérir parfaitement et radicalement, sans crainte de récidive et par un
dissolvant spécifique, aussi facile à prendre
dans du vin, ou dans du bouillon, que bénin
en son opération.

Vous jugez bien que ce n'a pas été sans
peine que j'ai découvert l'usage de ces sortes
de remèdes, et que je me suis défait des
vieilles erreurs de la Médecine ordinaire où
j'avais été élevé dès ma jeunesse, puisqu'il
y a bien plus de peine à se défaire des
anciens et mauvais préjugés, que d'appren-

dre quelque chose de nouveau. Permettez-
moi de dire ici que j'aurais droit d'accuser
le Ciel d'injustice, ou d'aveuglement dans
la dispensation de ses trésors, si sa conduite
se mesurait sur la portée de nos sens, et
réglait ses mouvements selon notre caprice
et notre volonté ! Les plaintes que je lui
pourrais faire aujourd'hui du talent qu'il
m'a donné seraient légitimes, et dans la
justice aussi bien que dans la liberté de les
former, je trouverais cette espèce de conso-
lation qu'on ne rencontre qu'imparfaitement
dans l'étude de la Philosophie. Mais le
moyen à nos yeux, le moyen à notre enten-
dement, appesanti par la matière de pénétrer
dans les secrets de la Providence ? Et quel
attentat aux hommes de demander à leur
Créateur la raison de ce qu'il fait ? Adorons
plutôt avec un profond respect, cette sagesse
infinie et lui soumettant nos cœurs et nos
volontés, avouons lui notre faible et notre
indigence. Si le Ciel eut accompagné l'âme
qu'il m'a donné d'une naissance plus illustre
ou d'une fortune plus élevée, j'aurais sans
doute fait des choses qui m'eussent acquis
quelque nom dans le monde, et m'eussent
tiré du commun des hommes. Mais il me
semble qu'il ne me l'ait donnée grande,
noble, généreuse et éclairée de belles lumières de la Chimie (Art Royal) et plein de
secrets mystérieux de la Médecine, que pour

la retenir pour ainsi dire, dans la solitude, et la laisser sans opération dans une Abbaye de St Amand : je crois que vous avez reçu les douze exemplaires que je vous donne de mon livre, intitulé la Fontaine minérale de S. Amand, triomphante par les Arcanes ou plus rares secrets de la médecine. Je vous remercie de tout mon cœur de la grâce que vous me faites de faire valoir mes livres autant qu'il vous sera possible, et de me faire la faveur de les citer dans un ouvrage de votre composition. Je ne doute pas après cela que les honnêtes gens, et les personnes désintéressées, ne donnent leur approbation à mes écrits, et que par vôtre moyen mes propositions ne soient bientôt connues et approuvées dans tout le royaume.

Accordez-moi, je vous prie, la continuation de votre amitié et je tâcherai par mes respects et par mes reconnaissances dans toutes les occasions que vous me fournirez, de vous témoigner combien je suis,

Monsieur,

Votre très humble et très obéissant serviteur

De Héroguelle.